THIS BOOK BELONGS TO

· · · · · · · · · · · · · · · · · · ·

Travel Mosaic Color by Number is an activity book, which helps you to relax and relieve the stress while coloring 25 pictures of famous worldwide sights. It is very simple, as you need just to color mosaic elements, according to the numbers from 22-color palette on the back cover. Each number refers to the particular color. Try your colors or create your own palette on a sample page in the beginning of the book.

Travel Mosaic is an entertaining way of spending your time. Letter-size format and lightweight make the book convenient for traveling. Use your favorite colored pens, pencils or markers, color the world and relax!

CONTENTS

Black	①	⑫	Yellow Green
Gray	②	⑬	Green
Dark Brown	③	⑭	Dark Green
Brown	④	⑮	Aqua Green
Tan	⑤	⑯	Light Blue
Peach	⑥	⑰	Blue
Red	⑦	⑱	Dark Blue
Red Orange	⑧	⑲	Pink
Orange	⑨	⑳	Violet
Yellow Orange	⑩	㉑	Dark Violet
Yellow	⑪	㉒	Magenta

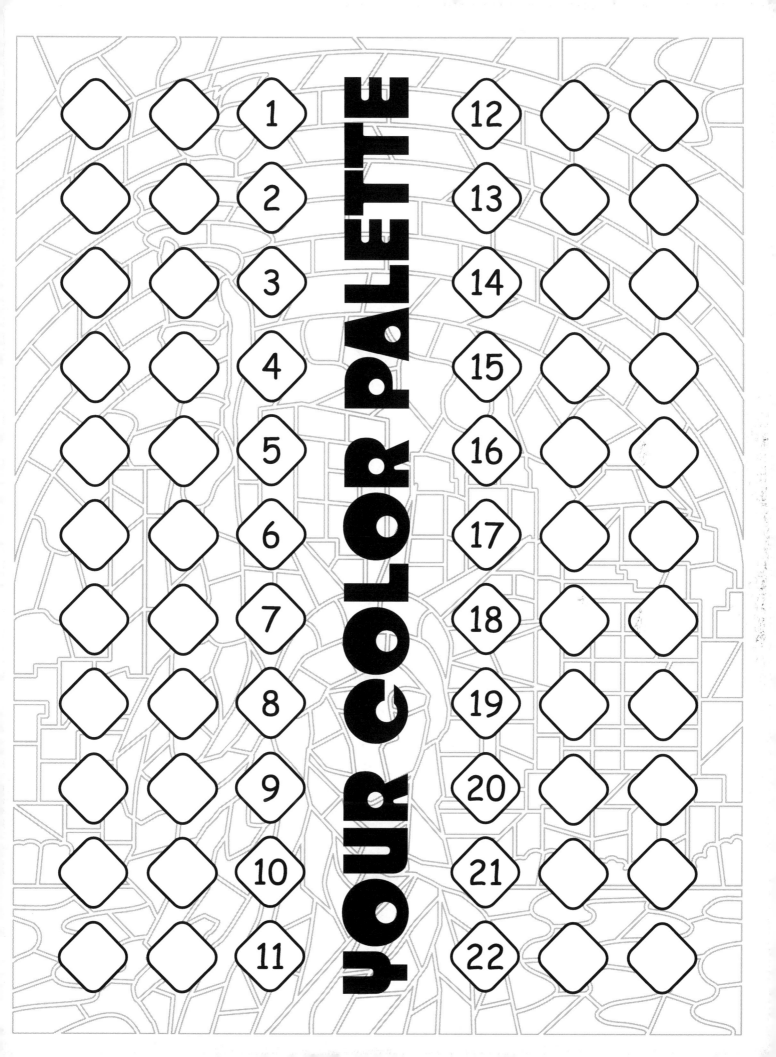

YOUR COLOR PALETTE

Black ① Yellow Green ⑫

Gray ② Green ⑬

Dark Brown ③ Dark Green ⑭

Brown ④ Aqua Green ⑮

Tan ⑤ Light Blue ⑯

Peach ⑥ Blue ⑰

Red ⑦ Dark Blue ⑱

Red Orange ⑧ Pink ⑲

Orange ⑨ Violet ⑳

Yellow Orange ⑩ Dark Violet ㉑

Yellow ⑪ Magenta ㉒

Black	①	⑫	Yellow Green
Gray	②	⑬	Green
Dark Brown	③	⑭	Dark Green
Brown	④	⑮	Aqua Green
Tan	⑤	⑯	Light Blue
Peach	⑥	⑰	Blue
Red	⑦	⑱	Dark Blue
Red Orange	⑧	⑲	Pink
Orange	⑨	⑳	Violet
Yellow Orange	⑩	㉑	Dark Violet
Yellow	⑪	㉒	Magenta

Black ① 12 Yellow Green

Gray ② 13 Green

Dark Brown ③ 14 Dark Green

Brown ④ 15 Aqua Green

Tan ⑤ 16 Light Blue

Peach ⑥ 17 Blue

Red ⑦ 18 Dark Blue

Red Orange ⑧ 19 Pink

Orange ⑨ 20 Violet

Yellow Orange ⑩ 21 Dark Violet

Yellow ⑪ 22 Magenta

1 Black

2 Gray

3 Dark Brown

4 Brown

5 Tan

6 Peach

7 Red

8 Red Orange

9 Orange

10 Yellow Orange

11 Yellow

12 Yellow Green

13 Green

14 Dark Green

15 Aqua Green

16 Light Blue

17 Blue

18 Dark Blue

19 Pink

20 Violet

21 Dark Violet

22 Magenta

Black ① | ⑫ Yellow Green
Gray ② | ⑬ Green
Dark Brown ③ | ⑭ Dark Green
Brown ④ | ⑮ Aqua Green
Tan ⑤ | ⑯ Light Blue
Peach ⑥ | ⑰ Blue
Red ⑦ | ⑱ Dark Blue
Red Orange ⑧ | ⑲ Pink
Orange ⑨ | ⑳ Violet
Yellow Orange ⑩ | ㉑ Dark Violet
Yellow ⑪ | ㉒ Magenta

Black ① Yellow Green ⑫

Gray ② Green ⑬

Dark Brown ③ Dark Green ⑭

Brown ④ Aqua Green ⑮

Tan ⑤ Light Blue ⑯

Peach ⑥ Blue ⑰

Red ⑦ Dark Blue ⑱

Red Orange ⑧ Pink ⑲

Orange ⑨ Violet ⑳

Yellow Orange ⑩ Dark Violet ㉑

Yellow ⑪ Magenta ㉒

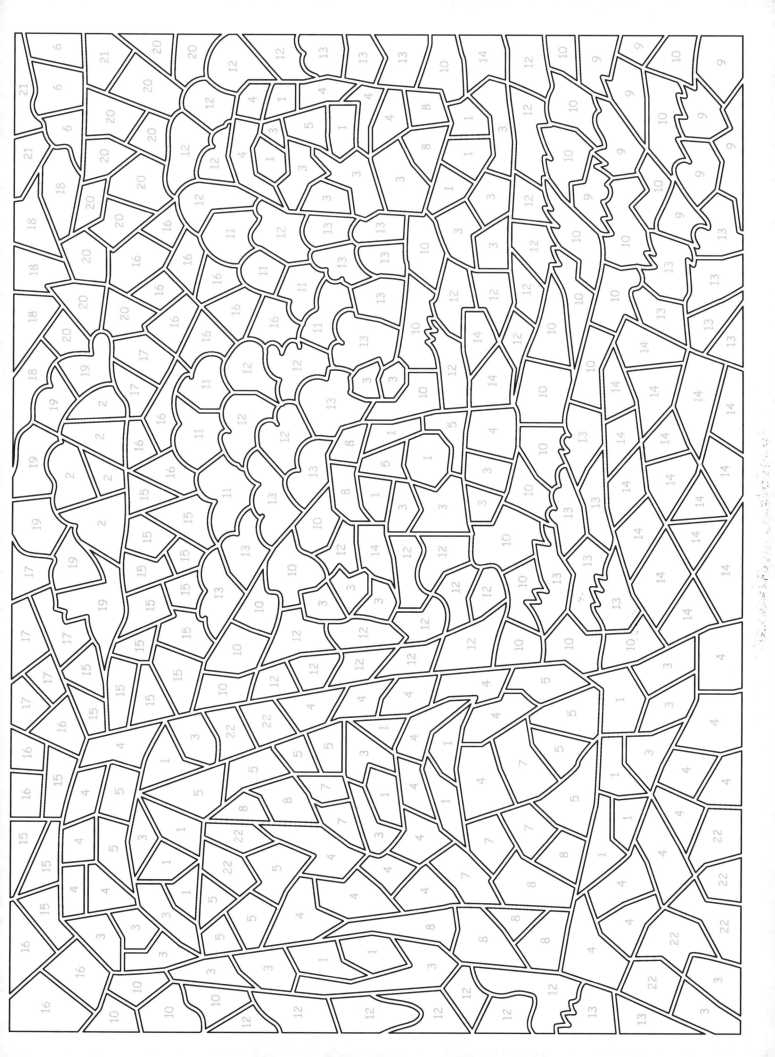

Black ① ⑫ Yellow Green

Gray ② ⑬ Green

Dark Brown ③ ⑭ Dark Green

Brown ④ ⑮ Aqua Green

Tan ⑤ ⑯ Light Blue

Peach ⑥ ⑰ Blue

Red ⑦ ⑱ Dark Blue

Red Orange ⑧ ⑲ Pink

Orange ⑨ ⑳ Violet

Yellow Orange ⑩ ㉑ Dark Violet

Yellow ⑪ ㉒ Magenta

Black ① 12 Yellow Green

Gray ② 13 Green

Dark Brown ③ 14 Dark Green

Brown ④ 15 Aqua Green

Tan ⑤ 16 Light Blue

Peach ⑥ 17 Blue

Red ⑦ 18 Dark Blue

Red Orange ⑧ 19 Pink

Orange ⑨ 20 Violet

Yellow Orange ⑩ 21 Dark Violet

Yellow ⑪ 22 Magenta

Black ① ② Gray ③ Dark Brown ④ Brown ⑤ Tan ⑥ Peach ⑦ Red ⑧ Red Orange ⑨ Orange ⑩ Yellow Orange ⑪ Yellow

⑫ Yellow Green ⑬ Green ⑭ Dark Green ⑮ Aqua Green ⑯ Light Blue ⑰ Blue ⑱ Dark Blue ⑲ Pink ⑳ Violet ㉑ Dark Violet ㉒ Magenta

Black	①	⑫	Yellow Green
Gray	②	⑬	Green
Dark Brown	③	⑭	Dark Green
Brown	④	⑮	Aqua Green
Tan	⑤	⑯	Light Blue
Peach	⑥	⑰	Blue
Red	⑦	⑱	Dark Blue
Red Orange	⑧	⑲	Pink
Orange	⑨	⑳	Violet
Yellow Orange	⑩	㉑	Dark Violet
Yellow	⑪	㉒	Magenta

Black ① Yellow Green ⑫

Gray ② Green ⑬

Dark Brown ③ Dark Green ⑭

Brown ④ Aqua Green ⑮

Tan ⑤ Light Blue ⑯

Peach ⑥ Blue ⑰

Red ⑦ Dark Blue ⑱

Red Orange ⑧ Pink ⑲

Orange ⑨ Violet ⑳

Yellow Orange ⑩ Dark Violet ㉑

Yellow ⑪ Magenta ㉒

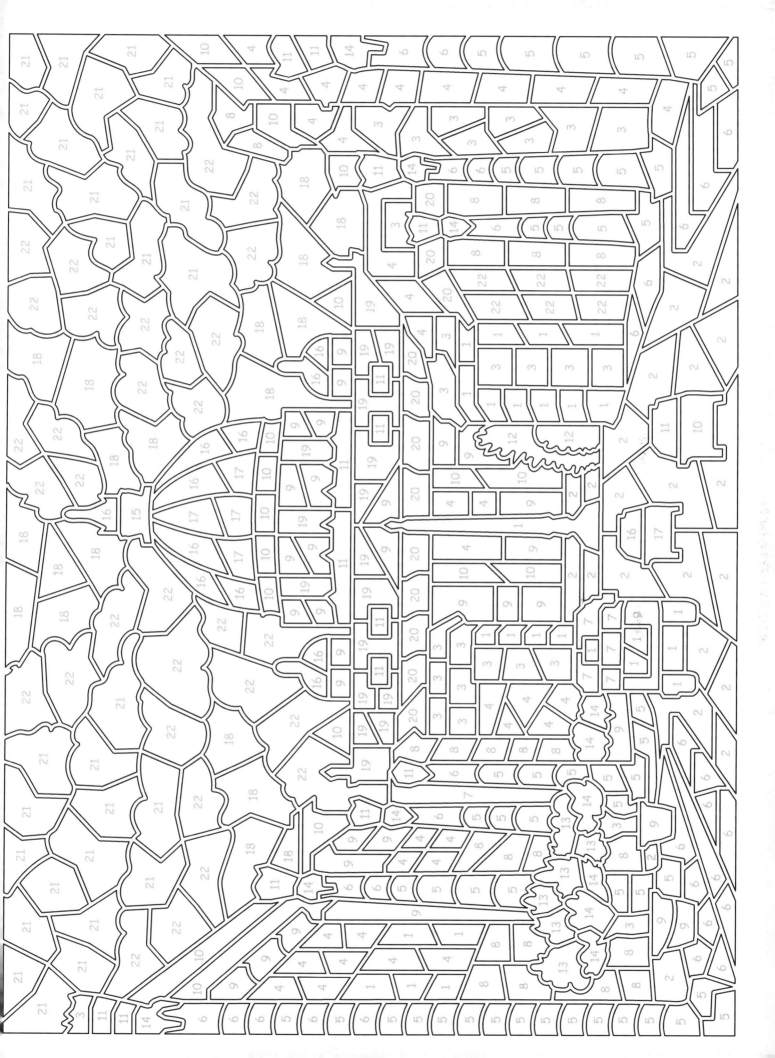

Black ① ⑫ Yellow Green

Gray ② ⑬ Green

Dark Brown ③ ⑭ Dark Green

Brown ④ ⑮ Aqua Green

Tan ⑤ ⑯ Light Blue

Peach ⑥ ⑰ Blue

Red ⑦ ⑱ Dark Blue

Red Orange ⑧ ⑲ Pink

Orange ⑨ ⑳ Violet

Yellow Orange ⑩ ㉑ Dark Violet

Yellow ⑪ ㉒ Magenta

1 Black
2 Gray
3 Dark Brown
4 Brown
5 Tan
6 Peach
7 Red
8 Red Orange
9 Orange
10 Yellow Orange
11 Yellow

12 Yellow Green
13 Green
14 Dark Green
15 Aqua Green
16 Light Blue
17 Blue
18 Dark Blue
19 Pink
20 Violet
21 Dark Violet
22 Magenta

Black ① Yellow Green ⑫

Gray ② Green ⑬

Dark Brown ③ Dark Green ⑭

Brown ④ Aqua Green ⑮

Tan ⑤ Light Blue ⑯

Peach ⑥ Blue ⑰

Red ⑦ Dark Blue ⑱

Red Orange ⑧ Pink ⑲

Orange ⑨ Violet ⑳

Yellow Orange ⑩ Dark Violet ㉑

Yellow ⑪ Magenta ㉒

Black ① ⑫ Yellow Green

Gray ② ⑬ Green

Dark Brown ③ ⑭ Dark Green

Brown ④ ⑮ Aqua Green

Tan ⑤ ⑯ Light Blue

Peach ⑥ ⑰ Blue

Red ⑦ ⑱ Dark Blue

Red Orange ⑧ ⑲ Pink

Orange ⑨ ⑳ Violet

Yellow Orange ⑩ ㉑ Dark Violet

Yellow ⑪ ㉒ Magenta

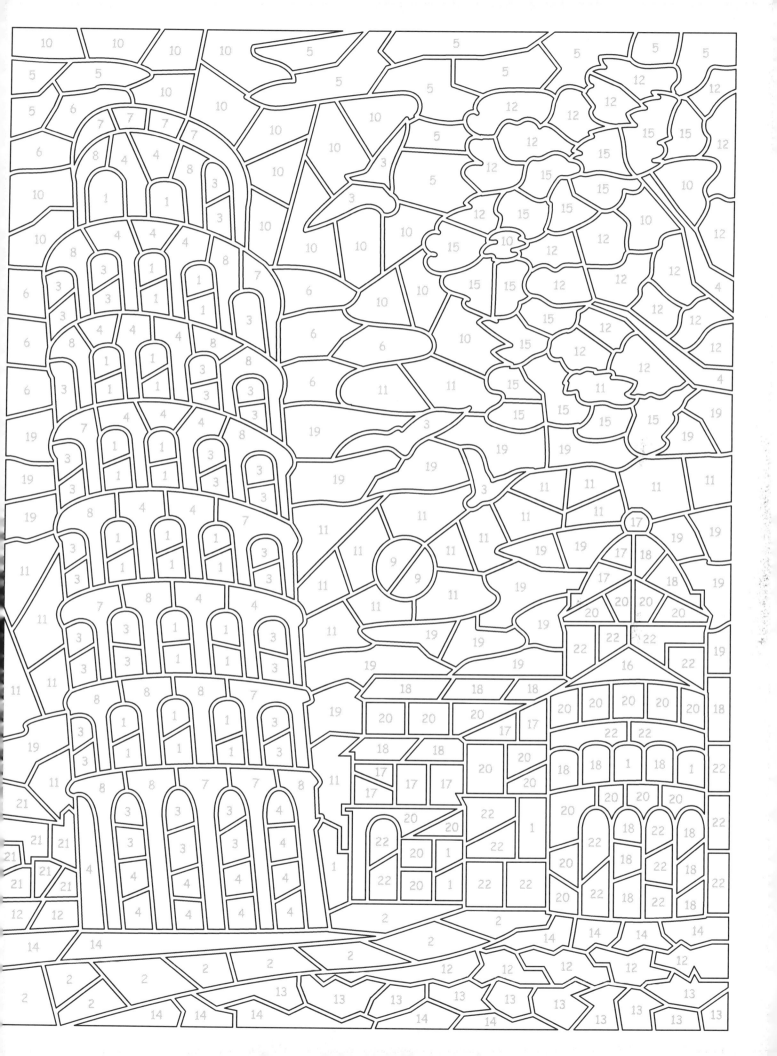

Black ① Gray ② Dark Brown ③ Brown ④ Tan ⑤ Peach ⑥ Red ⑦ Red Orange ⑧ Orange ⑨ Yellow Orange ⑩ Yellow ⑪

Yellow Green ⑫ Green ⑬ Dark Green ⑭ Aqua Green ⑮ Light Blue ⑯ Blue ⑰ Dark Blue ⑱ Pink ⑲ Violet ⑳ Dark Violet ㉑ Magenta ㉒

Black ① ⑫ Yellow Green

Gray ② ⑬ Green

Dark Brown ③ ⑭ Dark Green

Brown ④ ⑮ Aqua Green

Tan ⑤ ⑯ Light Blue

Peach ⑥ ⑰ Blue

Red ⑦ ⑱ Dark Blue

Red Orange ⑧ ⑲ Pink

Orange ⑨ ⑳ Violet

Yellow Orange ⑩ ㉑ Dark Violet

Yellow ⑪ ㉒ Magenta

1 Black
2 Gray
3 Dark Brown
4 Brown
5 Tan
6 Peach
7 Red
8 Red Orange
9 Orange
10 Yellow Orange
11 Yellow

12 Yellow Green
13 Green
14 Dark Green
15 Aqua Green
16 Light Blue
17 Blue
18 Dark Blue
19 Pink
20 Violet
21 Dark Violet
22 Magenta

Black ① 12 Yellow Green

Gray ② 13 Green

Dark Brown ③ 14 Dark Green

Brown ④ 15 Aqua Green

Tan ⑤ 16 Light Blue

Peach ⑥ 17 Blue

Red ⑦ 18 Dark Blue

Red Orange ⑧ 19 Pink

Orange ⑨ 20 Violet

Yellow Orange ⑩ 21 Dark Violet

Yellow ⑪ 22 Magenta

Black ① ② Yellow Green

Gray ② ⑬ Green

Dark Brown ③ ⑭ Dark Green

Brown ④ ⑮ Aqua Green

Tan ⑤ ⑯ Light Blue

Peach ⑥ ⑰ Blue

Red ⑦ ⑱ Dark Blue

Red Orange ⑧ ⑲ Pink

Orange ⑨ ⑳ Violet

Yellow Orange ⑩ ㉑ Dark Violet

Yellow ⑪ ㉒ Magenta

Black ① Gray ② Dark Brown ③ Brown ④ Tan ⑤ Peach ⑥ Red ⑦ Red Orange ⑧ Orange ⑨ Yellow Orange ⑩ Yellow ⑪

Yellow Green ⑫ Green ⑬ Dark Green ⑭ Aqua Green ⑮ Light Blue ⑯ Blue ⑰ Dark Blue ⑱ Pink ⑲ Violet ⑳ Dark Violet ㉑ Magenta ㉒

Black ①   ⑫ Yellow Green

Gray ②   ⑬ Green

Dark Brown ③   ⑭ Dark Green

Brown ④   ⑮ Aqua Green

Tan ⑤   ⑯ Light Blue

Peach ⑥   ⑰ Blue

Red ⑦   ⑱ Dark Blue

Red Orange ⑧   ⑲ Pink

Orange ⑨   ⑳ Violet

Yellow Orange ⑩   ㉑ Dark Violet

Yellow ⑪   ㉒ Magenta

Black (1) Gray (2) Dark Brown (3) Brown (4) Tan (5) Peach (6) Red (7) Red Orange (8) Orange (9) Yellow Orange (10) Yellow (11)

Yellow Green (12) Green (13) Dark Green (14) Aqua Green (15) Light Blue (16) Blue (17) Dark Blue (18) Pink (19) Violet (20) Dark Violet (21) Magenta (22)

Black ① Yellow Green ⑫

Gray ② Green ⑬

Dark Brown ③ Dark Green ⑭

Brown ④ Aqua Green ⑮

Tan ⑤ Light Blue ⑯

Peach ⑥ Blue ⑰

Red ⑦ Dark Blue ⑱

Red Orange ⑧ Pink ⑲

Orange ⑨ Violet ⑳

Yellow Orange ⑩ Dark Violet ㉑

Yellow ⑪ Magenta ㉒

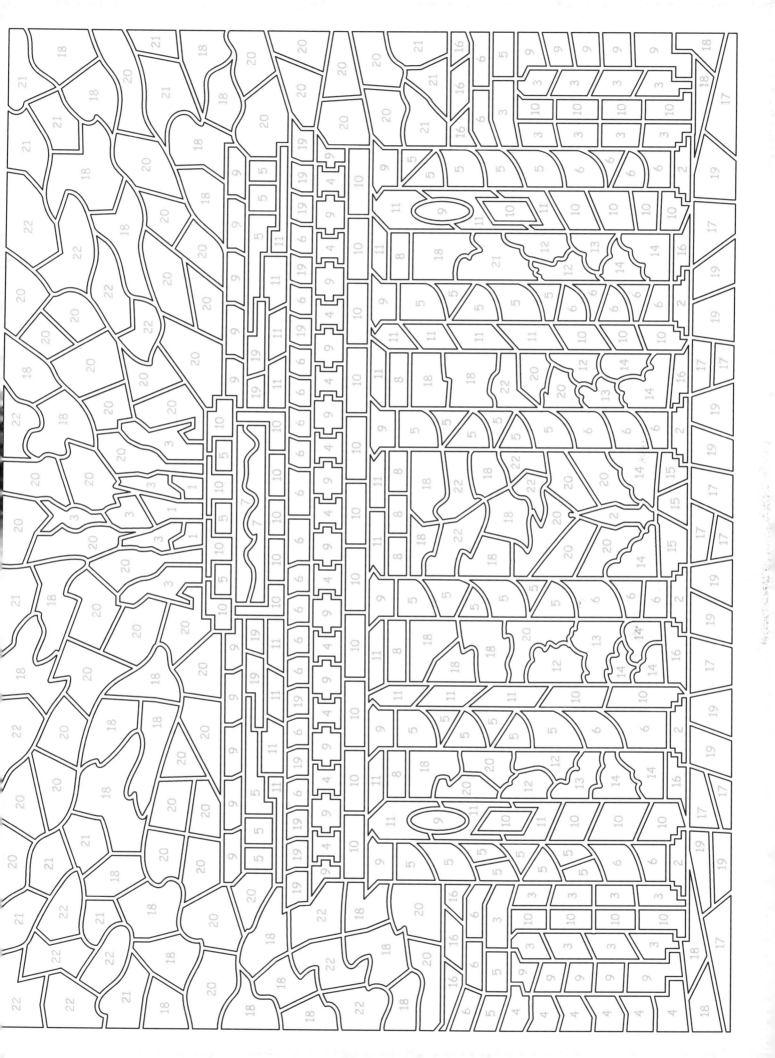

Black ① ⑫ Yellow Green

Gray ② ⑬ Green

Dark Brown ③ ⑭ Dark Green

Brown ④ ⑮ Aqua Green

Tan ⑤ ⑯ Light Blue

Peach ⑥ ⑰ Blue

Red ⑦ ⑱ Dark Blue

Red Orange ⑧ ⑲ Pink

Orange ⑨ ⑳ Violet

Yellow Orange ⑩ ㉑ Dark Violet

Yellow ⑪ ㉒ Magenta

THANK YOU for choosing this book! If you enjoyed it, please write YOUR REVIEW on Amazon. We love hearing from our customers and your opinion is very important for us to make our books better.

FOLLOW US

twitter.com/SunlifeDrawing

facebook.com/SunlifeDrawing

instagram.com/SunlifeDrawing

Black ① ⑫ Yellow Green

Gray ② ⑬ Green

Dark Brown ③ ⑭ Dark Green

Brown ④ ⑮ Aqua Green

Tan ⑤ ⑯ Light Blue

Peach ⑥ ⑰ Blue

Red ⑦ ⑱ Dark Blue

Red Orange ⑧ ⑲ Pink

Orange ⑨ ⑳ Violet

Yellow Orange ⑩ ㉑ Dark Violet

Yellow ⑪ ㉒ Magenta

Black ① ⑫ Yellow Green

Gray ② ⑬ Green

Dark Brown ③ ⑭ Dark Green

Brown ④ ⑮ Aqua Green

Tan ⑤ ⑯ Light Blue

Peach ⑥ ⑰ Blue

Red ⑦ ⑱ Dark Blue

Red Orange ⑧ ⑲ Pink

Orange ⑨ ⑳ Violet

Yellow Orange ⑩ ㉑ Dark Violet

Yellow ⑪ ㉒ Magenta

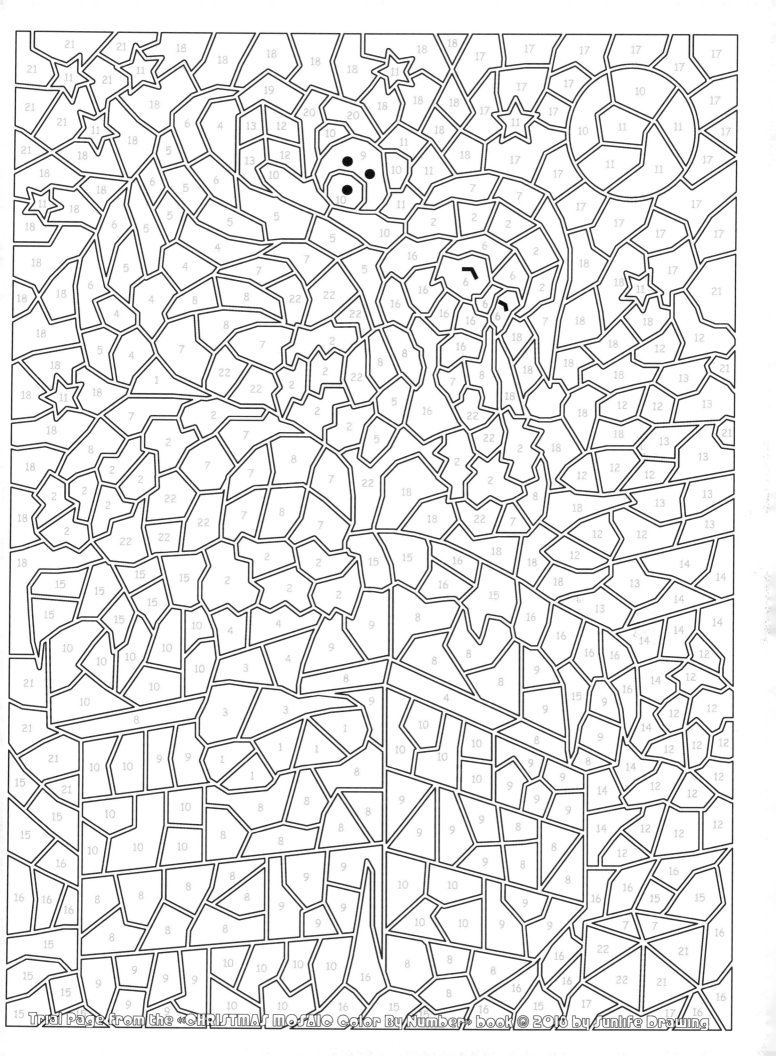

Made in the USA
Columbia, SC
21 December 2018